VENTE

Après le décès de M. G***

En vertu d'ordonnance

D'UN

BEAU MOBILIER

ANCIEN ET MODERNE

Très beaux Fauteuils en tapisserie de Beauvais

Bronzes d'art et d'ameublement — Meubles anciens

Curiosités — Rideaux en tapisserie ancienne

Tableaux — Gravures

HOTEL DROUOT, SALLE N° 2

Les Jeudi 30 Novembre et Vendredi 1er Décembre 1893

A DEUX HEURES

EXPOSITION PUBLIQUE

Le Mercredi 29 Novembre 1893, de 1 heure à 5 heures

Me J. RAVET
COMMISSAIRE-PRISEUR
Rue Baudin, 6

M. B. LASQUIN
EXPERT
Rue Laffitte, 12

PARIS — 1893

IMPRIMERIE MAULDE ET RENOU

A. MAULDE & Cie

IMPRIMEURS DE LA COMPAGNIE DES COMMISSAIRES-PRISEURS

Rue de Rivoli, 144. — Paris

30 novembre 1893

CATALOGUE

D'UN

BEAU MOBILIER

ANCIEN ET MODERNE

4 beaux Fauteuils garnis de tapisserie de Beauvais Louis XV
Meubles de salon de style Louis XIV
Salle à manger en noyer sculpté, Chambre à coucher style Louis XVI
Bronzes d'art de Barbedienne, Sculptures
Garnitures de cheminées de style Louis XVI, Meubles anciens
Commodes, Secrétaire
Pendule, Glaces, Bronzes, Faïences, Porcelaines, Objets d'étagère
de Saxe, de Chine et du Japon
Rideaux bordés de tapisserie ancienne, Meubles divers
Literie, Tapis, Bijoux, Ruolz, Tableaux et Gravures

DONT LA VENTE AURA LIEU

APRÈS LE DÉCÈS DE M. G...

Et en vertu d'ordonnance, enregistrée

HOTEL DROUOT — SALLE N° 2

Les Jeudi 30 Novembre et Vendredi 1er Décembre 1893

A DEUX HEURES

Par le ministère de **Me J. RAVET**, Commissaire-Priseur
Successeur de Me Henri LECHAT
rue Baudin, 6

Assisté de **M. B. LASQUIN**, Expert, rue Laffitte, 12

CHEZ LESQUELS SE TROUVE LE PRÉSENT CATALOGUE

EXPOSITION PUBLIQUE

Le Mercredi 29 Novembre 1893, de 1 heure à 5 heures

PARIS — 1893

CONDITIONS DE LA VENTE

Elle sera faite au comptant.

Les Acquéreurs paieront CINQ POUR CENT en sus des enchères, applicables aux frais de vente.

A. MAULDE et Cie, imprimeurs de la Compagnie des Commissaires-Priseurs, rue de Rivoli, 144. 300—37752

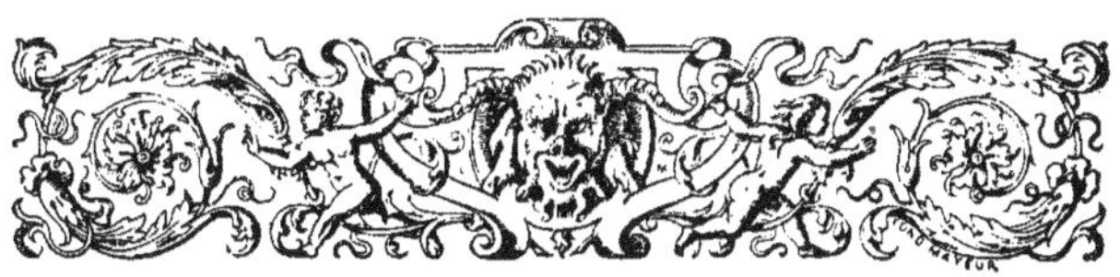

Désignation

MOBILIER

ANTICHAMBRE

1 — Porte-Parapluies en chêne sculpté.

1 *bis* — Commode Louis XV en bois de violette et bois de rose, forme contournée, garnie de bronzes rocaille, dessus de marbre.

2 — Deux Supports-Appliques en bois sculpté rehaussé de dorure à tête de griffons et guirlande de fruits.

3 — Un Buste de Voltaire en bronze de Barbedienne, d'après Houdon.

4 — Une Statuette bronze, *Le Penseur*, d'après Michel-Ange.

5 — Petit Écran en bronze japonais niellé d'argent, surmonté d'un oiseau.

6 — Vase en forme balustre carré à deux anses en bronze japonais gravé à figures et arabesques.

7 — Deux Vases balustre en bronze japonais à fleurs, oiseaux et lambrequins gravés en relief.

8 — Une grande Bouteille à panse sphérique en porcelaine de Chine, décorée en bleu, de dragons dans les flammes.

9 — Un Coffre Louis XIII à couvercle bombé en laque incrustée, de Burgau.

10 — Un bloc de cristal vert.

11 — Une grande Lanterne japonaise forme hexagonale en bronze, dessus orné d'un dragon en relief, le dessus en forme de toit de pagode.

12 — Deux Lampes formées par des vases en faïence, fond rouge à monture bronze, genre japonais.

13 — Deux Jardinières rouges en porcelaine du Japon moderne, décor bleu.

14 — Une Lanterne d'antichambre, style Louis XIII, en fer forgé à feuillages.

SALON

15 - Deux très beaux Fauteuils de style Régence en bois sculpté et doré, garnis d'ancienne tapisserie de Beauvais, décorés d'animaux et oiseaux, entourés de guirlandes de fleurs et d'ornements sur fond jaune.

16 — Deux Fauteuils de même style moins larges, également garnis en ancienne tapisserie de Beauvais à sujet : *Fables de La Fontaine*, encadrés d'ornements et guirlandes sur fond rouge.

17 — Un Canapé et deux Fauteuils de style Louis XIV en bois sculpté et doré, garnis de satin rouge; le

canapé garni de deux bandes d'ancienne tapisserie de Bruxelles à cartouches et groupes de fruits.

18 — Un Fauteuil-Coussin en satin crème réappliqué de broderies chinoises.

19 — Un Tabouret X garni de peluche avec dessus en point de Hongrie.

20 — Tapis de Smyrne fond rouge, dessin bleu et vert.

21 — Deux paires de Rideaux en satin rouge garnis de larges bandes d'ancienne tapisserie de Bruxelles décorée de cartouches, vases, pampres et fruits, avec embrasses en ancienne tapisserie découpée.

22 — Un Guéridon en bois noir, à dessus en mosaïque de marbre à damiers.

23 — Une Coupe ronde en onyx d'Algérie sur pied en bronze émaillé de E. Cornu.

24 — Coupe ronde en porcelaine japonaise, monture en bronze.

25 — Guéridon en mosaïque de Florence sur pied en bois sculpté et doré.

26 — Écran de style Louis XVI en bois doré avec feuille en broderie japonaise.

27 — Petit Lustre de style Louis XIV à huit lumières, en cuivre doré garni de cristaux.

28 — Statuette en marbre blanc, femme drapée tenant un vase, par C. Cordier, 1878, sur socle en marbre rouge.

29 — Deux Vases ovoïdes en porphyre de Suisse avec montures à anses, têtes de satyre, guirlandes et socles en bronze doré.

30 — Deux Flambeaux d'un beau modèle Louis XIV, à figures d'homme et de femme tenant des cornes d'abondance, en bronze ciselé et doré.

31 — Deux petits Seaux en porcelaine tendre, imitation de Sèvres, fond gros bleu à médaillons de figures et de fleurs.

32 — Cornet en ancienne porcelaine de Chine, décor bleu à figures de mandarins et ustensiles divers.

33 — Deux Chenets genre Louis XIV en bronze doré, surmontés de lions en bronze patiné et Pelle et Pincettes en bronze.

34 — Meuble d'entre-deux en marqueterie de cuivre et d'écaille, genre Boule, richement orné de bronzes dorés, à cariatides, feuillages et moulures, dessus de marbre vert.

35 — Trois grosses Potiches à couvercles en ancienne porcelaine de Chine, fond gros bleu, décor en dorure, pagodes dans des paysages.

36 — Bouteille en porcelaine de Chine, fond vert, décorée d'un dragon, fond rouge en relief.

37 — Groupe de deux Figures d'acrobates japonais en bois finement sculpté et laqué d'or.

38 — Petit Miroir ovale sur pied orné de deux figures d'enfants en bronze doré. Genre Louis XVI.

39 — Meuble d'entre-deux en bois de rose marqueté à damiers et médaillon d'oiseaux, garni de bronze doré, dessus de marbre blanc.

40 — Pendule Louis XV et son socle de suspension décorés au vernis Martin, à bouquet de roses et oiseaux, garni de bronzes dorés rocailles.

1 — Deux Lampes en porcelaine vert d'eau, monture en bronze doré.

42 — Deux Jardinières en porcelaine, genre Sèvres, bleu turquoise, à médaillons et monture bronze doré.

43 — Coupe ovale en porcelaine, genre Sèvres, fond rose sur monture en bronze.

44 — Deux petites Coupes hexagones en vieux Chine émaillé vert sur trépied en bronze.

45 — Miroir de toilette à bordure en porcelaine de Saxe, surmonté de guirlandes de fleurs.

46 — Potiche à couvercle, à décor japonais en couleur et en relief sur fond noir.

47 — Deux Vases en porcelaine tendre bleu turquoise, à médaillons d'oiseaux, monture genre rocaille en bronze doré.

48 — Vase forme balustre aplatie en jade gris, gravé, à deux anses découpées, travail chinois, socle en bois de fer.

49 — Vidrecome en argent repoussé à bossage et ornements de couvercle, surmonté d'une figurine. Style Louis XIII.

50 — Coquille en verre montée sur pied en bronze doré.

51 — Petit Brasero en bronze japonais, pieds et couvercle en bois de fer.

52 — Une Coupe à deux anses émaillée en couleur, genre Louis XIII.

53 — Une Gourde en blanc de Chine à ornements en reliefs.

54 — Quinze Statuettes, formant un orchestre de singes musiciens, en Saxe moderne.

55 — Deux Tasses couvertes et deux Soucoupes en Saxe moderne.

56 — Deux Tasses avec Soucoupes en porcelaine mince de la Chine, émaillées en couleur.

57 — Quatre Coupes en porcelaine de Chine sur pieds en bronze.

58 — Deux petits Vases ovoïdes en émail décorés de sujets de figures en camaïeu.

59 — Deux Vases en verre rubis garnis d'appliques en argent.

60 — Quatre Flacons en verre de Venise.

61 — Un Flacon et un Étui en verre garni d'argent.

62 — Deux petits Émaux, Portraits de personnages en costumes Louis XIV.

63 — Deux Magots en porcelaine de Chine.

64 — Tableau en broderie de soie et d'or, époque Louis XIII, représentant l'*Assomption*, dans un cadre en velours.

65 — Glace à bordure italienne en bois sculpté à deux figures d'ange dans des feuillages.

66 — Assiette en porcelaine de Sèvres décorée d'un sujet genre Watteau, avec marli orné d'argent ajouré.

67 — Deux Tasses à déjeuner avec Soucoupes et couvercles en porcelaine tendre, genre Sèvres, fond bleu

turquoise, décorés de médaillons de fleurs et d'ornements d'argent ajouré.

68 — Deux petits Pistolets de poche.

SALLE A MANGER

69 — Ameublement de salle à manger en noyer sculpté composé d'un Buffet à deux corps décoré de médaillons de fruits, surmonté d'un fronton, une Table ovale à trois allonges, une Servante et douze Chaises garnies en cuir vert.

70 — Une Armoire à argenterie ouvrant à une porte en noyer sculpté à médaillon, mascarons, dauphins et ornements; l'intérieur garni de tiroirs à coulisses.

71 — Une Suspension à neuf lumières en bronze nickelé.

72 — Une Jardinière sur trépieds élevés, style grec, en bronze à patine brune.

73 — Deux Chaises en bois noir incrusté de filets de cuivre, plaqué d'ivoire, garnies d'écaille et de lapis.

74 — Une grande Cafetière forme conique en ancienne porcelaine du Japon.

75 — Deux Plats ronds en faïence italienne, genre Castelli, décorés de figures et de guirlandes.

76 — Plat rond en ancienne porcelaine de Chine, émaillé en couleur, décoré de figures et d'un cerf.

77 — Plateau rond céladon vert d'eau de Chine gauffré.

78 — Deux Assiettes en faïence, décor genre Urbino.

79 — Deux Plats en ancienne faïence de Rhodes décorés d'œillets en couleur.

80 — Une Plaque contournée en ancienne faïence de Delft, décor polychrome à fleurs.

81 — Un Plat de Savone, décor bleu en relief, à écusson.

82 — Un Plat en faïence de Deck, décoré d'un buste de jeune fille.

83 — Un Cartel en chêne sculpté avec horloge et baromètre.

84 — Un Brûle-Parfum porcelaine de Chine émaillée, à arabesque sur fond rouge et formant lampe.

85 — Cornet en bronze japonais, décor en relief doré.

86 — Potiche en vieux Chine, montée en flambeau style Louis XVI, bronze doré.

87 — Deux Gourdes en porcelaine moderne du Japon

88 — Deux Vases divers à pans en faïence émaillée. genre chinois, dont l'un de Deck.

89 — Deux grands Plats ronds, décor japonais rouge, bleu et or.

90 — Deux Plats en ancienne porcelaine de l'Inde, décor bleu.

91 — Plat en vieux Chine, fond bleu et or, avec réserve de fleurs.

92 — Cinq Assiettes en porcelaine de Chine et du Japon, décor en couleurs.

93 — Deux Coupes en faïence italienne, genre Gubio et Castel-Durante.

94 — Deux Assiettes émail cloisonné du Japon.

95 — Deux grands Flacons carrés à thé, en porcelaine de Chine, décor bleu, paysages.

96 — Grand Groupe bronze argenté : *Héloïse et Abélard*, d'après E. CHATEROUSSE.

97 — Lampe de Gagneau montée sur un vase en faïence, genre italien.

98 — Deux Jardinières avec plateau en porcelaine de Canton.

99 — Brûle-Parfum à couvercle ajouré, en bronze du Japon gravé en relief.

100 — Brasero en porcelaine de Chine à trois pieds, deux anses, décoré d'arabesques en émaux de couleurs.

101 — Deux Cache-Pots en cloisonné de Chine, fond bleu.

102 — Une Coupe ronde en poterie de Kanga, fond vert.

103 — Un Vase et un Bol en terre émaillée du Japon.

104 — Une Fontaine en porcelaine, imitation du Japon, à trois pieds formés de figurines.

105 — Deux Aiguières en faïence italienne.

106 — Un Brûle-Parfum en faïence émaillée vert et jaune du Japon.

107 — Un petit Vase en blanc de Chine, à dragon autour du col.

108 — Un petit Service à thé, composé de : cinq Tasses avec Soucoupes, une Théière, un Sucrier, une Boîte à thé en ancienne porcelaine de Chine, fond brun.

109 — Une Poule en porcelaine de Saxe moderne.

110 — Une Soupière dindon en faïence émaillée.

111 — Deux Plats en porcelaine de Chine à figures.

112 — Une Assiette en porcelaine tendre, genre Sèvres, avec sujet pastoral.

113 — Boite ronde en porcelaine de Chine émaillée vert et rouge.

114 — Vase cylindrique à couvercle en porcelaine gros bleu et or.

115 — Petit Plateau en laque, incrusté de nacre et d'ivoire.

116 — Huit Assiettes en porcelaine de Chine émaillées en couleur, à décor variés.

117 — Deux Assiettes, genre Sèvres, décorées de bustes.

118 — Deux Pots à lait en porcelaine allemande, décorées de fleurs.

119 — Quatorze Verres de Bohême et de Venise gravés et un Verre irrisé.

120 — Deux Théières porcelaine de Chine, décorées en émaux de couleur.

121 — Une Écuelle porcelaine décorée à fond bleu.

122 — Un Vase ovoïde en ancienne porcelaine de Sèvres, pâte tendre, décoré de fleurs, monture bronze.

123 — Une Petite Coupe évasée en blanc de Chine à fleurs en reliefs.

124 — Deux Corbeilles ajourées en porcelaine du Japon.

125 — Un Saladier Saxe décoré de fleurs.

126 — Vingt-deux Pièces, Service à dessert, Assiettes et Compotiers, porcelaine décorée.

127 — Quatre Rideaux en reps vert à bandes d'ornements.

128 — Tapis en moquette, fond rouge.

PREMIÈRE CHAMBRE A COUCHER

129 — Bel Ameublement de style Louis XVI en acajou sculpté et garni de moulures de cuivre, composé de : un Lit, une Armoire à glace, deux Tables de nuit et un Chiffonnier-Secrétaire.

130 — Table à ouvrage marqueterie de bois, garnie de bronze.

130 *bis* — Chaise longue garnie de velours d'Utrecht.

131 — Quatre Rideaux de fenêtre et Tentures de lit à baldaquin, en velours d'Utrecht rouge, dessin camaïeu.

132 — Un petit Écran éventail en bois de palissandre monté sur trépieds.

133 — Une Garniture de cheminée, style Louis XVI, composée de : une Pendule et de deux Candélabres en porcelaine décorée, genre Sèvres, monture en bronze ciselé et doré.

134 — Deux Cassolettes trépieds, style Louis XVI, en marbre griotte et bronze doré.

135 — Une Pendule, style Louis XIV, en marqueterie d'écaille, d'étain et de cuivre.

136 — Un Vase cratère en bronze de BARBEDIENNE, socle en marbre noir.

137 — Glace Louis XVI, bordure sculptée avec fronton à corne d'abondance.

138 — Deux Fauteuils, style Louis XIII, garnis de velours de Gênes réappliqué.

139 — Un petit Fauteuil Louis XIII, garni de panne rouge galonnée.

140 — Deux Chenets, style Louis XIII, en cuivre poli.

141 — Un Tapis en moquette.

DEUXIÈME CHAMBRE A COUCHER

142 — Un Ameublement de chambre à coucher en bois noir sculpté, composé de : un Lit avec sommier, une Armoire à glace, une Table de nuit.

143 — Quatre Tapis en moquette.

144 — Une Portière en damas jaune.

145 — Deux Statuettes de femme, en albâtre.

146 — Une Garniture de cheminée de style Louis XVI en porcelaine, genre Sèvres, gros bleu, à médaillon de figures et bronze doré, composé de : une Pendule, deux Candélabres à six lumières, deux Vases cassolettes.

147 — Deux paires Vases porcelaines fantaisie décorée.

148 — Une Commode Louis XV en bois de rose garnie de bronze, ses tiroirs plaqués d'écaille.

149 — Un Secrétaire Louis XV en marqueterie de bois de rose à bouquets de fleurs, garni de bronze, à dessus de marbre.

150 — Deux Bougeoirs en cuivre.

151 — Deux Vases en cristal, une Bonbonnière ronde en faïence.

152 — Un Miroir ovale biseauté, bordure sculptée et dorée.

153 — Un autre Miroir ovale, bordure dorée.

154 — Une Table à ouvrage en bois noir à dessus en faïence.

Literie, Carpettes, Descentes de Lit, Ruolz.

BIJOUX

155 — Une Chaîne giletière en or avec Clef barette.

TABLEAUX ET GRAVURES

156 — Cinq gravures : Fête royale du temps de Louis XV.

157 — **Huysmans** (J.-B.). — Notre Drapeau quand même.

158 — **X.** — Le Pont des Soupirs à Venise.

159 — Trois Peintures sur faïence : Scènes enfantines et Chien.

160 — **Van Dyck** (D'après). — Les Enfants de Charles Ier.

161 — **Raphaël** (D'après). — La Vierge à la Chaise.

162 — **Dagnan** (D'après). — Paysage avec rivière ; Lac au milieu de montagnes.

163 — **Van Pol** (Attribué à). — Vase de Fleurs.

164 — **Coypel** (Attribué à). — Flore et Zéphirs.

165 — **Téniers** (D'après). — Les Joueurs de Cartes au Cabaret.

166 — **Bakuysen.** — Vaches au pâturage. (Aquarelle.)

167 — **École italienne.** — Jésus au milieu des Docteurs.

168 — **X.** — Intérieur d'Église. (Aquarelle.)

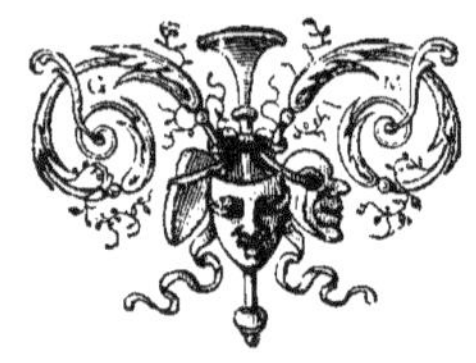

www.ingramcontent.com/pod-product-compliance
Lightning Source LLC
LaVergne TN
LVHW020503230826
846091LV00008BA/3323

* 9 7 8 2 3 2 9 5 2 2 6 6 1 *